COMPASIÓN

Jardines del corazón
COMPASIÓN

ELIZABETH CLARE PROPHET

Summit University ♥ Press Español™

GARDINER, MONTANA

COMPASIÓN
Título original:
COMPASSION
de Elizabeth Clare Prophet
Copyright © 2012 Summit Publications, Inc.
Reservados todos los derechos.

Traducción al español: Judith Mestre
Copyright © 2012 Summit Publications, Inc.
Todos los derechos reservados

Para obtener información, diríjase a Summit University Press,
63 Summit Way, Gardiner, MT 59030 (EE.UU.)
Tel: 1-800-245-5445 o 406-848-9500
Web site: www.SummitUniversityPress.com

Library of Congress Control Number 2012938107
ISBN 978-1-60988-098-9
ISBN 978-1-60988-123-8 (eBook)

SUMMIT UNIVERSITY ⚓ PRESS®
Summit University Press y ⚓ son marcas registradas en el Registro de patentes y marcas de los EE.UU. y de otros países. Reservados todos los derechos.

Diseño de portada y de interior: James Bennett Design

1ª edición: mayo 2012

Impreso en los Estados Unidos de América
15 14 13 12 11   5 4 3 2 1

Í N D I C E

Acercarse al jardín

Las virtudes son como estrellas, piedras preciosas y cristales que los ángeles han cosido a tu ropa. Son los pilares sobre los que se edifica el buen carácter; el reflejo del alma que evoluciona.

La compasión es esa clase de virtud. Proviene de una comprensión intuitiva de la unidad de la vida. Sabe que, para que el mundo sea íntegro, todos los que están en él deben ser íntegros. De ese entendimiento surge el deseo de ayudar a otros a hacer realidad su potencial más elevado, el deseo de consolar, de elevar espiritualmente y ennoblecer a los demás.

El alma se parece a una flor delicada. Así como una flor medio abierta no nos gratifica con toda su belleza o todo su perfume, el alma que está medio abierta no puede elevarse hasta lo más alto. De la misma forma que no podemos ayudar a una flor a abrirse totalmente extendiendo a la fuerza sus pétalos, tampoco podemos forzar a un alma a que florezca y se eleve.

Piensa en cómo florece un capullo. Le proporcionamos la tierra y el alimento que necesita, además de aire, agua y luz solar. La fortaleza interior de la flor la impulsa a florecer.

Pues bien, lo mismo hacemos para ayudar a un alma a abrirse. Le ofrecemos compasión y el entorno y apoyo que necesita para crecer, que difiere para cada alma. Luego la dejamos ir y permitimos que su propia fortaleza interna la impulse a abrirse.

Cuando se satisfacen las necesidades físicas, emocionales y espirituales del alma, suplidas por un amor que eleva, enaltece y consuela, aquélla puede alcanzar su victoria. Las personas con las que eres compasivo pueden triunfar porque saben que las amas.

Ama hoy a alguien. Ama a alguien cada día con la clase de amor que el alma ansía: un amor lleno de compasión.

LA PUERTA
DE ENTRADA

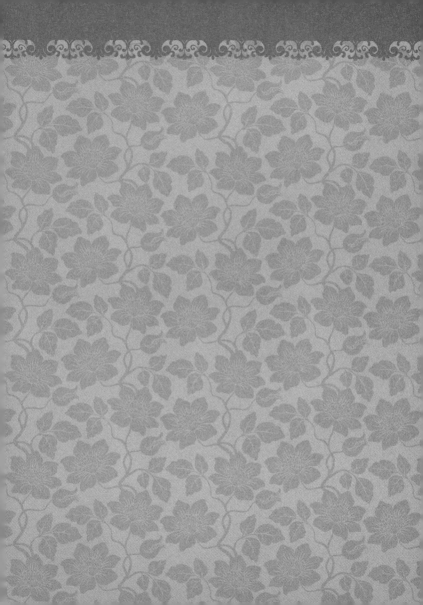

¿Quisieras sentir

el latido

de la compasión?

Que la dureza del corazón se derrita

como la cera de la vela

para que la llama arda

con más resplandor.

Cuando el bálsamo

de compasión infinita

alcanza la Tierra,

el corazón que despierta

puede percibir

la música de las esferas.

¡Qué bello es el amor!

La noble compasión nace

de su propia fortaleza,

¡y une los corazones!

La compasión

es

una explosión de fuego

y

una flor de esperanza.

Cuando amamos a alguien

queremos que el ser amado desarrolle

todo su potencial.

La compasión

no dejará a alguien

como estaba.

En la compasión

no cabe la avaricia,

sólo la ilusión

del espíritu

de dar y estar alegre.

Empieza por ser amable

con los que te rodean

y la compasión

vendrá a continuación.

Aprende a ser compasivo

mirando con los ojos del otro,

poniéndote en el lugar del otro,

entrando, por un momento,

en el corazón y la mente

del padre, la madre, el hermano, la hermana,

o el niño pequeño.

Llegarás a entender

por qué las personas se comportan

como lo hacen.

El toque de compasión

en el corazón

acaricia la mejilla,

alisa el ceño,

y vuelve al alma consciente

de que la aman,

de que la entienden,

de que no está sola.

La belleza y la abundancia

de compasión se revelan

en cuanto el alma da un paso adelante

con el poder de su realidad

que se despliega para recibir a todo ser

con fe, belleza y amor.

La compasión

no es

puro sentimentalismo

o debilidad.

Pese a su ternura,

la compasión activa

encarna energía,

potencia y audacia.

La compasión

es

un convencimiento

que inspira acción,

que inspira

a ayudar a alguien necesitado.

Mide todas las cosas

con veracidad, honor y amor;

amor en forma de compasión

que no significa complacer a otro:

es el amor que se queda con él

y le obliga a desarrollar la individualidad

de modo que, al hacerlo,

experimente el júbilo

de lograr algo por su cuenta.

La compasión intrépida,

epítome del amor,

impulsa al corazón

más allá de su

capacidad actual.

Si tienes la compasión

para salvar al mundo,

empieza contigo mismo.

Luego ocúpate de

«lo imposible»

y rápidamente

te parecerá posible.

Cuando veas

una necesidad muy grande

y que nadie más ayudará

si tú no tiendes la mano,

en ese momento

el amor en sí

suple la intensidad

que te permite

lanzarte al rescate.

La compasión

puede llenarte

de sentimientos de alegría

y capacitarte para tener

una visión inmaculada

de todas las cosas

sin comprometerlas.

Ojalá que la compasión

te motive a tener maestría sobre ti mismo.

Ojalá que la compasión

te motive a convertirte

en todo lo que puedes llegar a ser.

Ojalá que la compasión

sea el instrumento de tu curación.

El yo externo

busca que le tengan lástima

porque desea reconocimiento.

Pero lo que satisface

la necesidad del alma

de obtener reconocimiento

es la compasión genuina

por sus tribulaciones.

No insultes a las personas

sintiendo lástima de ellas.

Permíteles mantener su autoestima

sintiendo compasión

por ellas.

La compasión

no reside

en las imperfecciones ajenas.

Reconoce

el potencial y el esfuerzo

del alma

por volverse íntegra.

Cuando un niño aprende a escribir

y te muestra

sus primeros intentos toscos,

alábale.

Porque la sonrisita

que te ilumina

será tu recompensa.

Trata de hacerlo con todo el mundo:

elogia el esfuerzo noble.

 24

Tener en la mente

la imagen más elevada

de los demás

es parte del sendero

de la compasión.

La compasión sana

porque eleva.

No existe

nada más potente

que el poder de la compasión

si se desea inculcar a alguien

el deseo de cambiar

para bien.

Una clave para convertirte

en más de lo que eres de verdad

es esforzarte por hacer

lo mejor

porque deseas

enviar compasión a la vida.

¡Descubre la fragancia del amor!

De su fortaleza

nace la compasión,

uniendo corazones con la delicadeza

de un ramo de flores.

LA SENDA

Aprende ante todo

a tener compasión

por ti mismo

en el proceso de tornarte verdadero.

Sólo entonces

conocerás

la compasión por los demás.

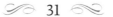

No temas amarte a ti mismo.

No se trata de ser indulgente

contigo mismo

sino de una compasión total

con la que

adquieres más plenamente

un estado más elevado de conciencia.

Actúa por compasión

por el anhelo de tu alma

de ser libre.

Actúa por compasión

para sacar lo mejor de ti.

¡Libera tu potencial interno!

El amor en forma de compasión

alimenta y riega

la conciencia elevada

que florece.

La Luz

infunde

a los corazones

el rocío

de la compasión.

Que tus actos

guarden

la dulce y suave sintonía

con el corazón

de la compasión.

A través del resplandor

del Sol nos llega

una suave corriente:

el amor compasivo

del Creador

por cada criatura,

cada flor,

cada ser.

Que tu corazón

se llene de la compasión

de los seres iluminados.

Descubre

un fuego del corazón

dentro de ti

tan grande

que nunca

puedas

apartarte de él.

La verdadera compasión

te permite

ocuparte de todas las personas

con serenidad, diplomacia,

misericordia, comprensión

y justicia.

Dentro de cada cual,

la compasión puede despertar

un interés por la vida,

por los que sufren

o están necesitados,

y el deseo de tender

una mano.

¿Verdad que alguna vez

te has beneficiado

de alguien que tuvo compasión por ti,

y más que eso:

que tuvo esperanza

y una visión más amplia

de aquello que podrías llegar a ser,

la cual nunca tuviste de ti mismo?

Si quieres conocer

la verdadera compasión,

eleva a alguien.

La lástima

consiste en encontrar a alguien

que se hunde en las arenas movedizas

y lanzarse a su vera

para intentar sacarlo.

Los dos se hunden.

La compasión

es permanecer en tierra firme

y alcanzarlo con una rama.

Así como la lástima

permite a la persona quedarse

donde está,

la compasión le ayuda

a salir de una espiral negativa,

le ayuda

a elevarse.

No puedes elevar a alguien

a una dimensión superior de su ser

si te atas a su rabia

o pasiones inferiores.

Sólo puedes ayudarle

si permaneces en un nivel superior

y le atraes hacia arriba

con mucha compasión.

El corazón compasivo

no sólo

observa un problema

sino que halla

la solución perfecta

a ese problema.

Llamar al pan pan

y al vino vino

puede ser un gran acto de compasión:

«Esto es lo que está afectando a tu vida.

Si quieres conservarlo,

me apartaré de ti,

porque no hay nada

que pueda hacer por ti.

Si quieres liberarte de ello,

te ayudaré».

El mal uso de la compasión

puede llevar

a la posesividad

o a la tiranía.

Perdemos una oportunidad en la vida

cuando

levantamos barreras

que nos separan

del mundo

y de la gente.

La compasión audaz

requiere

un amor consolador.

No se trata

de un amor asfixiante o lastimoso

que permite al estado humano

quedarse donde está,

sino un amor sensible

que ayuda al individuo

a ir en pos de la parte más elevada

dentro de sí.

Mira

con extrema compasión

a aquéllos que no tienen

a nadie

que les discipline.

En realidad, hay que compadecerse

de ellos, porque

¿es que nadie

los ama lo suficiente

como para disciplinarlos?

Para desarrollar

compasión verdadera,

trata de no juzgar a otro,

porque nunca sabes

qué carga le abruma.

Esfuérzate por relacionarte

no con la personalidad externa

sino con la belleza

del alma.

¿Cómo incitas a un alma a abrirse?

Le ofreces compasión.

Le proporcionas

el entorno

y el apoyo que necesita.

Luego la dejas ir

y permites que

su propia fortaleza interior

la impulse a abrirse.

Ser audazmente compasivo

equivale a dar

todo lo que tienes

y darlo

mil veces más.

Eso es la dicha:

no negar a nadie

tu amor profundo.

EL ARROYO
BURBUJEANTE

El corazón de la Creación

es un corazón

de gran compasión.

Donde tú estés

está Dios,

porque es Su vida

lo que te hace latir

el corazón.

No busques refugio

en la seguridad externa.

Dentro de ti

yace un poder

de amor infinito y compasión

que te

sustentará.

En cuanto sacas

la gran belleza y perfección

que hay dentro de tu alma,

tu propio corazón

late cada vez más

al ritmo del universo,

con un espíritu de armonía,

un espíritu de entendimiento,

un espíritu de compasión.

Ten compasión

por cada alma

que es incapaz

de cuidarse

a sí misma.

Ayudaos los unos a los otros

con el profundo amor

que es compasión,

que conduce al alma

a un plano más elevado

de reconocimiento

de su potencial interno.

Construye una casa de belleza y luz

donde todos puedan unirse

en la compasión,

para hacer las cosas bien

y subsanar los momentos de fragilidad

hasta que el cáliz de cada corazón

esté lleno.

Cuando te des a los demás,

hazlo con

el sonido silente,

la chispa de tus ojos,

la compasión que hay

dentro de tu corazón.

La compasión

reconoce los problemas

sin lástima,

sin darles autoridad.

A quienes lo entienden

la gracia los envuelve.

La compasión

se adentra en los fuegos del corazón

para elevar y ennoblecer a los demás.

Ser sensible con la vida

significa sentir el corazón y el alma

de otro.

Ten compasión por los que sufren,

los que sienten pena,

los que poseen

una percepción incompleta

de su propia realidad interna.

Ejercita la visión, el pensamiento

y la acción por medio del corazón.

Ofrece tu llama del corazón

con cada acto.

Relaciónate conscientemente

no con la personalidad externa

sino con la belleza

del alma.

El alma pide a gritos

la ternura que

la comprende

y no se ocupa solamente

de sus comodidades.

Ama a alguien cada día

con el tipo de amor

que

el alma anhela.

Aquéllos con quienes

te muestras compasivo

pueden alcanzar la victoria

porque saben que

los amas.

Tener compasión

es conceder

verdades liberadoras

para iluminar.

La compasión requiere valor.

Requiere dedicación.

Requiere la voluntad de desafiar

a todo lo que

no encarna el amor,

la voluntad de decir la verdad

de forma compasiva.

Para desarrollar mayor compasión,

da

sin esperar

nada a cambio.

Un ser compasivo

se inclina ante la luz interior

de cada cual.

La compasión

se funde

con la llama de la sabiduría

para producir

el resplandor del alba

y la puesta del sol

con un brillo rosa y dorado.

La verdadera compasión

satisface

cada necesidad humana,

pero permanece

libre de apegos

y no es posesiva.

Prepárate para afrontar

las circunstancias externas

con una defensa interior

de fortaleza espiritual,

un depósito

de misericordia y compasión

dentro de tu ser.

La compasión

por aquéllos que muestran debilidad

no es lástima

sino misericordia

hacia la identidad y realidad

internas del alma.

No seas frágil en la disciplina,

propia o ajena.

El compañero de la justicia

es la compasión.

Por ser un afectuoso acto de respeto

para con el yo real,

la verdadera disciplina

puede ser la forma más elevada

de compasión.

El fracaso, los errores,

la pena, la angustia

y todo tipo de adversidades

hacen madurar al alma.

Las circunstancias difíciles

forjan el carácter

y te permiten

tener compasión por otros

cuando pasan por lo mismo.

Si alguien a quien amas

comete un delito,

ten compasión por la situación,

no lástima.

Con gran amor y compasión

puedes reprender al individuo

y rezar por él.

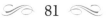

La misericordia

no anula

la responsabilidad de otro.

La misericordia es la verdadera

compasión,

el amor del corazón

que lo alza

para que desee cambiar.

Procura entender a los demás

amorosamente.

Percibe su lucha.

Ofrece compasión.

Reza por ellos.

Verter

preocupación amorosa a otro

es fundamental para el alma que madura

y el corazón que se desarrolla.

Ten compasión

y entiende a aquéllos

cuyo viaje en la vida

les lleva adonde tú has estado.

Tiéndeles una mano

y ayúdales en el siguiente paso

de su desarrollo.

¡Qué alegre experiencia puede ser

ayudar a alguien!

Que así

como tú sigues los pasos

de quienes te han precedido,

otros sigan los tuyos.

Al vivir la vida

comprendemos

el dolor y los pesares de los demás.

Aprendemos nuestras lecciones

y, a partir de nuestra experiencia,

podemos ayudar a la humanidad

con profunda compasión.

Los cónyuges

tienen que amarse,

amarse y amarse

con un amor lleno de perdón,

comprensión

y compasión.

Hace falta voluntad y compasión

para recoger los platos rotos

cuando surgen problemas,

para seguir intentándolo,

seguir amando,

seguir alimentando el alma,

seguir teniendo la imagen más alta

el uno del otro.

Las pruebas del amor

atraen al egoísmo hacia la superficie.

Lucha contra ello.

Encáralo y véncelo.

Y ten compasión de ti

y tenedla el uno del otro

mientras avanzáis por las pruebas.

No permitas que, por lástima,

te zarandeen.

La compasión no significa

que otros se aprovechen de ti

o extraigan de ti

fuerza y energía a voluntad.

Los que quieran sanar y aconsejar

harían bien en desarrollar

un fuerte campo de protección

a su alrededor, para que,

cuando el fuego de la compasión

salga de ellos

a fin de elevar a otro,

no carguen con la situación

de esa persona.

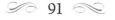

Ofrece cuidados y compasión,

comprensión y apoyo

de tu corazón a todos,

ya se hayan portado

bien o mal contigo,

pero debes saber

cuándo poner límites.

Se pueden resolver muchas cosas

con amor

disfrazado de compasión

y perdón.

UNA SUAVE BRISA

¿Te gustaría desarrollar

un amor y una compasión mayores?

Deja que el escudo

de compasión universal

te preceda.

Funde tu alma

con la gran conflagración

de la integridad.

La compasión aumenta

en cuanto aumenta tu percepción

de la santidad de toda vida.

Un amor grande

que arde en tu corazón

puede llevar equilibrio,

cese del dolor,

comprensión

y compasión

a millones de personas.

Deja que tu corazón se encienda

con una compasión que pase a ser

un apasionado anhelo

por elevar y sanar:

¡por hacer a la humanidad íntegra!

El mundo no puede sanarse

mientras a uno de sus miembros

le falte ayuda.

Con la compasión

de la fraternidad universal,

debes entender la unidad

inherente a toda vida

y proporcionar cuidados sabios

y amorosos a todos.

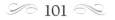

Son incontables

los que a diario necesitan compasión,

el flujo de amor,

alimento físico,

esperanza

y ánimos.

Dejad de guerrear unos contra otros

y uníos

en la liberación

de la vida.

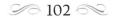

Es un verdadero cuidado,

una verdadera compasión,

un verdadero movimiento

de algo interno que dice:

«Puedo ir más allá de mi yo actual

porque amo lo bastante

y me preocupo lo bastante».

La compasión activa

requiere intrepidez, empuje, fortaleza.

Sin ellos

no tienes nada que ofrecer.

Hace falta energía y fortaleza

para satisfacer tus propias necesidades

y que todavía te quede algo

que dar a los demás.

Atrévete a superarte a ti mismo.

Hacerlo

requiere compasión

hacia tu propia alma

en el proceso de superación.

La vida está llena de sorpresas,

de muchos paquetes envueltos.

Recíbelos todos

con el profundo fuego

de amor y compasión.

Alberga una sonrisa

en tu corazón

amplificada en tu ser

para que la esperanza y el amor

barran el mundo

y den a todos

mayor esperanza,

mayor valentía,

mayor compasión.

Ama al mundo:

para que mediante tu amor,

tu compasión

y tus cuidados,

veas

la transformación

de toda vida.

Deja que el mundo cruce tu sendero

y pase por tu corazón.

La compasión viene

de haber vivido,

de haber sufrido dolor,

de haber entendido los problemas

del corazón de muchos.

La riqueza de la experiencia humana

nos lleva

donde podamos cuidar

de la humanidad.

Al haber participado

de lo máximo de las alegrías de la vida,

de las profundidades de sus pesares,

podemos tener compasión,

podemos dar consuelo.

Inmerso en la oscuridad del mundo,

no te pierdas

la llegada de lo Divino

en explosiones de luz solar

y compasión.

La compasión

es

el florecimiento

de la esperanza divina

de paz mundial.

El éxtasis

de convertirse en el amor

consiste en enviar amor

con suprema compasión

para llenar

los espacios de carencia

en cada individuo.

Cual apreciada flor

que portan manos angélicas,

el espíritu de resplandor eterno

vendrá a la Tierra

y beatificará la atmósfera

con el perfume de su cercanía.

Y los vientos del mundo

se impregnarán

de misericordia y compasión.

La compasión

extenderá sus alas hasta que,

cual pájaros cantores de melodías celestiales,

los corazones de la humanidad

canten las canciones de la vida

y tengan un amor muy grande

capaz de aumentar la porción

del prójimo.

Toda la Naturaleza cantará.

Las campanas de la libertad repicarán.

Y la compasión todo lo envolverá.

Recibe en tus brazos

a quien necesite

auxilio, curación,

consuelo y compasión.

Un amor

lleno

de compasión

sustenta

el universo.